Jordan B. Peterson
Konservatives Manifest

www.fontis-verlag.com

Jordan B. Peterson

KONSERVATIVES MANIFEST

fontis

Bibliografische Information der Deutschen Nationalbibliothek
Die Deutsche Nationalbibliothek verzeichnet diese Publikation in der Deutschen Nationalbibliografie; detaillierte bibliografische Daten sind im Internet über www.dnb.de abrufbar.

Der Fontis-Verlag wird von 2021 bis 2024 vom Schweizer Bundesamt für Kultur unterstützt.

Die englische Originalausgabe erschien 2021 unter dem Titel «A Conservative Manifesto» als frei zugänglicher Text im Internet.

Umschlag: René Graf, Fontis
Satz: Samuel Ryba – Design Ryba
Foto Jordan Peterson S. 84: © by Gage Skidmore/Wikimedia
Übersetzung: Kathrin Enke
Redaktion: Dr. Dominik Klenk und Birgit Kelle
Druck: Finidr
Gedruckt in der Tschechischen Republik

ISBN 978-3-03848-242-0

Inhalt

Einleitung

Eine tiefgreifende Sinnkrise erschüttert, destabilisiert und entmutigt derzeit die souveränen Bürger des Westens und die gesellschaftlichen Institutionen, auf die wir angewiesen sind. Diese Krise hat sich zunehmend auf den Rest der Weltbevölkerung ausgeweitet, sie stiftet Verwirrung und sät Misstrauen; sie erzeugt allenthalben eine kontraproduktive Zwietracht – anstelle von freiwilliger Zusammenarbeit und friedlichem Wettbewerb, welche uns leiten und zusammenführen könnten.

Diese Krise ist in erster Linie Folge eines zersetzenden Zweifels, gesät nicht zuletzt durch eine gleichgültige Haltung gegenüber unseren Werten, Zielen und Handlungsgrundsätzen – jenen Grundsätzen, die uns bisher inspiriert, geleitet und gestärkt haben.

Diese Krise ist zweitens die Folge der historisch beispiellosen Ignoranz, mit der wir die eigentliche Quelle, die Natur und den Charakter dieser Grundsätze verkennen, und unserer aus dieser

Ignoranz resultierenden Unfähigkeit, die Existenz jener Grundsätze moralisch herzuleiten und zu rechtfertigen.

Diese Krise ist drittens Folge eines (aus diesem Zweifel und dieser Ignoranz erwachsenden) anmaßenden, voreiligen und letztlich rein eigennützigen Beharrens darauf, dass nichts anderes als der Wille zur Macht – die Bereitschaft und das Bedürfnis, zu dominieren und auszubeuten – sämtliche individuellen Wahrnehmungen und Handlungen motiviert und alle gesellschaftlichen Institutionen hervorbringt und aufrechterhält.

Diese Krise ist schließlich Ergebnis der Frustration und Verbitterung, die notwendigerweise entsteht, wenn Zweifel, Unwissenheit und intellektuelle Überheblichkeit zusammenwirken, um zu dämonisieren, zu spalten und auszubeuten; um eine unmögliche und endgültige begriffliche Gewissheit zu behaupten; und um die Anerkennung einer falschen und durch nichts gerechtfertigten moralischen Tugend zu verlangen.

Diese Krise manifestiert sich in den götzendienerischen Kämpfen, die gleichzeitig kleinlich und furchtbar sind und die derzeit unsere Welt spalten: in den Auseinandersetzungen rund um die Frage der Identität, die in die Irre führen und hoffnungslos machen; im Schüren von Misstrauen zwischen Männern und Frauen, im Beharren auf einer zwingenden Feindschaft zwischen Schwarz, Braun und Weiß; in der Unterwerfung der Bildung, die eigentlich aufklären sollte, unter besitzergreifende Ideologien; im Kreislauf der Anschuldigungen, der jenes Vertrauen bedroht, von dem Frieden und Wohlstand nun einmal abhängen; und in der panischen, menschenfeindlichen, apokalyptischen Untergangsstimmung, die den Geist unserer Söhne und Töchter schwächt.

Was können diejenigen von uns, die versuchen, an den traditionellen Werten unserer Vergangenheit festzuhalten und einen unerschütterlichen Glauben an sie zu demonstrieren, in solchen Zeiten anbieten?

Nicht den unüberlegten und zweckdienlichen Appell an Zynismus und Bitterkeit verbunden mit der Feststellung, dass unsere sozialen und politischen Institutionen von Grund auf unzuverlässig, korrupt und vertrauensunwürdig seien.

Nicht die harsche und verurteilende Ermahnung oder Forderung, einen Moralkodex anzunehmen und aufrechtzuerhalten, der nur durch Freudlosigkeit, Sterilität und Neigung zu Verbot und Verdammung besticht.

Sondern die selbstbewusste und unerschrockene Weitergabe der vergessenen ewigen Wahrheiten an all jene, die derzeit ohne diese umherirren, die in diesem Mangel dürsten und hungern.

Welche Werte, die für das konservative Temperament von überragender Bedeutung sind, schreien derzeit nach Wiederentdeckung, Rückbesinnung und Aneignung?

Eine zwangsläufig unvollständige, aber unbedingt notwendige Liste könnte Folgendes beinhalten: Demut, Freiheit, Autonomie, Wahrheit, Handlungsfähigkeit, Identität, Leistung, Verantwortung, Tradition, Gemeinschaft, Schöpfungsverantwortung, Gerechtigkeit und Einigkeit.

Dieser Aufzählung hinzufügen könnte man eine Reihe von Thesen über die wahre Natur und Quelle absoluter Entbehrung, die Unvermeidbarkeit wirtschaftlicher Ungleichheit und die praktischen Gegebenheiten der individuellen Kompetenz, von der die psychische Gesundheit des Einzelnen und der Zusammenhalt der Gesellschaft gleichermaßen und wechselseitig abhängen.

Demut

Demut ist das Gegenteil jener hochmütigen, autoritären Arroganz, die für sich beansprucht, über umfassende und endgültige Fähigkeiten und Kenntnisse zu verfügen.

Demut zu schätzen heißt, die Unzulänglichkeit der gegenwärtigen Annahmen zu akzeptieren;

anzuerkennen, dass es sinnvoll ist, sich mit dem zu befassen, was man noch nicht weiß; den Meinungen anderer zuzuhören, sie ernst zu nehmen und sie wirklich versuchen zu begreifen (ganz gleich, wie wenig fundiert sie sind); danach zu streben, weiteres Wissen zu erlangen; und zu überzeugen und einzuladen, statt zu beharren und zu erzwingen.

Demut ist daher eine grundlegende Voraussetzung für das Lernen, für das revitalisierende, sinnerfüllte Engagement, das durch Lernen entsteht, und für die Aufrechterhaltung und Erneuerung dessen, was bereits rechtmäßig gelernt, etabliert und allgemein geschätzt wurde.

Freiheit

Freiheit ist nicht deshalb kostbar, weil sie einen Hedonismus ermöglicht, der Zukunft und Gemeinschaft rücksichtslos der konzeptionell eng gefassten Gegenwart und den impulsiven Bedürfnissen und Wünschen des Einzelnen opfert.

Freiheit ist kostbar, weil sie allen freien und einzigartigen Menschen die Möglichkeit gibt, sich dem Potenzial der Zukunft bestmöglich zu stellen; sich an den freiwilligen, produktiven Wechselbeziehungen zu beteiligen, die ein friedliches, sich gegenseitig erhaltendes gesellschaftliches Zusammenleben möglich machen; die Wahrheit zu sagen, die erlöst und erneuert; und die Verantwortung der Staatsbürgerschaft und des ethischen Handelns zu übernehmen.

Freiheit ermöglicht es den Menschen, sowohl im Privaten als auch in der Öffentlichkeit authentisch und ohne willkürliche Zwänge zu denken.

Freiheit erlaubt es den Menschen, dieses ungehinderte authentische Denken dazu zu nutzen, sich eine Vielfalt von Möglichkeiten vorzustellen, diese einzeln und gemeinsam zu bewerten, zu kritisieren, zu gewichten und zu verbessern und aus diesen vielfältigen kritisierten und verbesserten Möglichkeiten den ersichtlich wertvollsten, überzeugendsten Weg in die Zukunft zu wählen.

Autonomie

Die sich abzeichnenden Probleme, die uns fortwährend bedrängen und uns gleichzeitig neue Chancen eröffnen, können nur durch kontinuierliche Bereitstellung einer – ebenfalls unvorhersehbaren und variablen – Reihe von Lösungsansätzen angegangen werden.

Dies lässt sich am besten durch die Wertschätzung und Förderung der Entwicklung eines möglichst breiten Spektrums an produktiven Maßnahmen und Unternehmungen gewährleisten, aus deren Vielfalt die am besten geeigneten Lösungen gewonnen werden können.

Autonome Bürger können die individuellen Besonderheiten ihres Temperaments, ihrer Erfahrung und ihrer Fähigkeiten in die Lösung des eigentlichen Problems der Anpassung einbringen.

Autonome Menschen und Institutionen – in möglichst großer Streuung – haben die Freiheit, unterschiedlich auf die besonderen Anforderungen ihres lokalen Umfelds zu reagieren. Aus diesem Pool von Varianten können alle Individuen, die frei kommunizieren und urteilen können, die Lösungen ableiten, die für ihre aktuellen Gegebenheiten und Probleme am besten geeignet und am effizientesten sind.

Weit verteilte, autonome lokale Aktivitäten ermöglichen den Aufbau widerstandsfähiger, groß angelegter integrierter Systeme, die optimal gegen die rasche und gefährliche Ausbreitung jedes beliebigen unvorhergesehenen aufkommenden Problems gewappnet sind und optimal mit zeitnahen und zielgerichteten Lösungen reagieren können.

Das Prinzip der Autonomie ermöglicht daher eine reichhaltige Versorgung sowohl mit dem Lebensnotwendigen als auch mit Luxus; eine größtmögliche Wahlmöglichkeit hinsichtlich der Art und Weise, wie diese Versorgung erfolgen soll; und vielfältige Möglichkeiten für eine bedeutungsvolle, sinnstiftende Beteiligung an den freiwilligen, produktiven und nachhaltigen privaten und sozialen Unternehmungen, die am ehesten Wohlstand schaffen und freie Entscheidungen ermöglichen.

Freie Märkte erfüllen am besten das Bedürfnis nach Autonomie, lokalem Engagement und Verbreitung. Angesichts dessen sollte die Überlegenheit der freien Marktwirtschaft gegenüber allen anderen bekannten und möglichen Systemen von denjenigen, die sich dem westlichen Wertekanon verschrieben haben, ohne Wenn und Aber anerkannt und gefördert werden.

In keinem anderen System lassen sich die wichtigsten und sich ständig wandelnden Entscheidungen erstens im Hinblick auf das derzeitig Wertvolle und zweitens durch die freie Wahl und das freiwillige Bemühen einer größtmöglichen Zahl von Menschen treffen.

In keinem anderen System können die unzähligen, höchst unterschiedlichen und partikularen Vorstellungen und Entscheidungen, die sich aus dieser freien Wahl und dem freiwilligen Bemühen ergeben, gesammelt und gebündelt werden. Daher gibt es kein anderes System, das in einer Weise funktioniert oder offenbar funktionieren kann, die eine vergleichbar kontinuierliche Anpassung an den unvorhersehbaren Horizont der Zukunft sowohl möglich als auch wünschenswert macht.

Wahrheit

Die Zukunft unterscheidet sich wesentlich und unvorhersehbar von der Vergangenheit. Infolgedessen tauchen ständig neue, komplexe und unerwartete Probleme vor uns auf, die nach einer Lösung verlangen. Ein vielfältiges, ehrliches und frei ausgetauschtes Meinungsspektrum zu diesen Problemen ist die ewige Voraussetzung für die Möglichkeit der Lösung selbst sowie für deren Verbreitung.

Es gibt viele gültige, produktive und attraktive Arten, die Welt zu betrachten und in ihr zu handeln, und gleichzeitig ist eine Vielfalt von Perspektiven notwendig, strategisch angemessen und unvermeidlich.

Gleichzeitig gilt, dass ein diszipliniertes Streben in eine gemeinsame Richtung stärkt und eint, dass eine Ethik, die in der Lage ist, unterschiedliche Bürger in Vertrauen und Frieden zu vereinen, notwendig und wünschenswert ist, und dass die Wahrheit selbst niemals in einer bestimmten Reihe von Fakten oder einem speziellen Wissensbestand zu finden ist.

Vielmehr ist in ethischer Hinsicht das echte Vorwärtsstreben der eigentliche Ausdruck der Wahrheit und damit die gültigste Manifestation der Wahrheit selbst. Der bescheidene Versuch, uns selbst und andere mittels des Diskurses voranzubringen – als Folge des Zuhörens und der spontanen Reaktion – ist die eigentliche Verkörperung der Wahrheit. Die Bereitschaft, sich in gutem Glauben über die Grenzen von Rasse, Geschlecht, wirtschaftlicher Klasse und politischem Temperament hinweg zu verständigen, ist die eigentliche Verkörperung der Wahrheit.

Spalterisches Beharren auf der absoluten Relativität der Wahrheit kann nicht zuletzt mit der Erkenntnis bekämpft werden, dass Wahrheit ein Prozess und kein Zustand ist.

Die Erkenntnis schließlich, dass das Abenteuer des Lebens gerade in der Suche nach Wahrheit zu finden ist, stellt das einzige wirkliche Gegenmittel gegen den zersetzenden Nihilismus dar, welcher Täuschung, Hoffnungslosigkeit, Zynismus und die Abkehr von Verantwortung hervorbringt.

Die wichtigsten Grundfreiheiten, auf die sich tugendhafte Staaten und Systeme stützen – allen voran die Rede- und Gedankenfreiheit –, dienen nicht der impulsiven Befriedigung flüchtiger Begierden, sondern sind dazu da, dass die erlösende Wahrheit ihren lebendigen Ausdruck finden kann.

Handlungsfähigkeit

Das Beharren darauf, dass wir alle am angemessensten auf der Ebene der Gruppe begriffen werden – sei es nach sexueller Präferenz, Rasse, Geschlecht, politischer Überzeugung oder ethnischer Zugehörigkeit –, bietet Konservativen die Möglichkeit, sich dagegen zu positionieren und den Grundgedanken und Grundsatz der Souveränität des Individuums zu bekräftigen, der jedem Menschen die Fähigkeit zuschreibt, allen Unwägbarkeiten, Bösartigkeiten und Widrigkeiten zum Trotz voranzukommen und Fortschritte zu erzielen.

Diejenigen, die eine wahrhaft kanonische westliche Sichtweise vertreten, können außerdem den demoralisierenden Vorstellungen von der grundlegenden Verdorbenheit allen menschlichen Handelns und seiner vermeintlichen Grundlage in nichts anderem als Unterdrückung und Zwang entgegentreten.

Sie tun dies in dem Wissen, dass der Wunsch, vorwärtszustreben, in seiner wesentlichen Form eine Manifestation des Geistes der freiwilligen Zusammenarbeit, des Wunsches nach produktiver gegenseitiger sozialer Interaktion und der Realität des echten guten Willens ist.

Der Ehrgeiz, der Entbehrung und Elend überwindet, der Drang, ein großes Abenteuer zu wagen, der Wunsch, zu heiraten und eine Familie zu gründen, die Bereitschaft, Verantwortung zu übernehmen – all das ist tatsächlich und wahrhaftig bewundernswert und verdient Anerkennung und Belohnung.

All das bildet die Grundlage jedes wirklich stabilen und wünschenswerten Zustands, ob auf psychologischer oder sozialer Ebene, bei dem die damit verbundenen Pflichten freiwillig übernommen und die Belohnungen rechtmäßig verdient und verteilt werden. All dies ist darüber hinaus die zuverlässigste Grundlage für jede echte Nachhaltigkeit.

Identität

Eine ausgereifte und anpassungsfähige Identität entsteht keineswegs durch ein bloßes Beharren darauf, dass ein gefühltes subjektives Empfinden dominieren und sich durchsetzen muss. Identität ist vielmehr das Ergebnis ständiger und wiederholter Kommunikation, Kooperation und Wetteifern zwischen Eltern und Kindern, Ehemännern und Ehefrauen, Freunden, Kollegen, Untergebenen, Vorgesetzten sowie dem gegenwärtigen und zukünftigen Selbst souveräner Individuen.

Identität ist daher eine sorgfältig und gerecht ausgehandelte Vereinbarung zwischen dem Einzelnen und der Gesellschaft, und zwar auf jeder Ebene dieser Gesellschaft, und so muss es auch bleiben.

Konservative können daher ein revitalisiertes Konzept der souveränen Staatsbürgerschaft als sinnvollste und bedeutsamste Form der Identität anbieten: eine souveräne Staatsbürgerschaft nämlich, die jedem Menschen zur Ehre gereicht, ihn zu einem verlässlichen Ehepartner macht, zu einem fürsorglichen, umsichtigen und urteilsfähigen Elternteil, zu einem vertrauenswürdigen und kompetenten Geschäftspartner, zu einem aktiven Teilnehmer an lokalen und übergeordneten gesellschaftlichen Institutionen und zu einem informierten, aufgeklärten und ethisch verantwortungsvollen politischen Akteur und Wähler.

All dies setzt voraus, dass wir die Notwendigkeit eines Wandels in der moralischen Einstellung des westlichen Individuums erkennen und zum Ausdruck bringen: Abkehr von den hedonistischen Verlockungen endloser Rechte und von außen verliehener Privilegien und Hinwendung zu den konstruktiven Belohnungen, die sich aus reifer Opferbereitschaft, Pflicht, Verantwortung und Gegenseitigkeit ergeben.

Leistung

In allen Bereichen des menschlichen Schaffens sind die Fähigkeiten der einzelnen Menschen sehr unterschiedlich. Eine kleine Anzahl hochproduktiver Menschen, die in allen Bereichen menschlichen schöpferischen Bemühens tätig sind, ist für den größten Teil der Produktion und des Fortschritts verantwortlich.

Es besteht daher ein direkter Zusammenhang zwischen erstens der Anerkennung und Förderung von Spitzenleistungen und zweitens der Fähigkeit von Gesellschaften, absolute Entbehrungen zu mildern, kreative Lösungen für neue und unerwartete Probleme zu entwickeln und zu verbreiten, Möglichkeiten für individuelles und soziales Gedeihen und Vorankommen zu schaffen und Menschen gerecht und wirksam zu belohnen, die sich bemühen, produktiv, erfolgreich und großzügig zu sein.

Aufgrund des engen Kausalzusammenhangs zwischen Leistung und Konsequenz kann reine Leistung objektiv definiert werden als Fähigkeit, die Arbeit zu verrichten und die sozialen Netzwerke aufzubauen, die mit den Zielen verbunden sind, die durch die freie Entscheidung der Akteure auf den freien Märkten der Freundschaft, des gemeinschaftlichen Zusammenschlusses, des

Konsums, der Beschäftigung und der Politik geschätzt werden.

Wenn auch nur teilweise und unvollkommen, so ist diese Leistung doch das Grundprinzip für Auswahl, Stellung und Aufstieg in unseren sozialen Systemen und muss es auch bleiben.

Verantwortung

Jeder Mensch braucht einen Sinn, um der Tragik des Lebens entgegenzuwirken. Jeder Mensch braucht etwas von wahrem Wert, das er der Angst, der Frustration, der Enttäuschung, der Trauer und dem Schmerz der irdischen Existenz entgegensetzen kann.

Zu finden ist dieser Sinn nicht in einem Zynismus, der allzu leicht an die Stelle einer anfänglichen Naivität tritt, oder in einem kurzsichtigen, bornierten und reaktiven Hedonismus, sondern im Aufbau von stabilen, verlässlichen, aufrichtigen und produktiven tiefen Beziehungen, Freundschaften, Ausbildungsverhältnissen, bürgerlichen Bindungen, politischen Pflichten, philosophischen Verpflichtungen und religiösen Bräuchen und Praktiken.

Fehlen die Struktur und die Orientierung, die durch solche Bindungen und Aktivitäten entstehen, nimmt die Tragik des Lebens unerträgliche

Ausmaße an. Menschen, die ohne eine Orientierung hin zu Sinn und Verantwortung dem Leid ausgesetzt sind, werden zynisch, labil, mutlos und entfremdet – und schließlich verbittert, rachsüchtig und gefährlich.

Konservative können Eigenverantwortung, feste soziale Bindungen in Ehe, Familie und Beruf sowie echtes soziales Engagement als gültige und verlässliche Gegenmittel anbieten gegen den Nihilismus eines unangebrachten Zynismus, die Verlockung des kurzfristigen Vergnügens und die demoralisierenden Folgen der ungläubigen Hoffnungslosigkeit.

Die Fürsprecher dieser Tugenden können uns helfen, uns darauf zu besinnen, dass jedes Opfer (die Bereitschaft, auf die Genüsse des unmittelbaren Augenblicks zu verzichten; die Bereitschaft, sich in der Gegenwart auf Anstrengungen einzulassen, um etwas Lohnendes für die Zukunft aufzubauen; die moralische Verpflichtung, den Prüfungen unmittelbarer, momentaner Meinungsverschiedenheiten und Konflikte standzuhalten, um einen dauerhaften Frieden zu sichern) eine lobenswerte, notwendige und letztlich erlösende Tätigkeit darstellt.

Schließlich können die Fürsprecher dieser Tugenden einen Weg durch die Fallstricke der menschlichen Schuld aufzeigen und – als angemessene Antwort auf die zwangsläufig ungleiche Verteilung von Talenten und Privilegien – Sühne durch Verantwortung anbieten.

Gemeinschaft

Der Westen hat zu Recht den Wert des Individuums hervorgehoben und dabei auf Traditionen aus Rom, Athen und Jerusalem zurückgegriffen. Der bewundernswert liberale Westen hat infolgedessen richtiger- und nützlicherweise eine auf dem Naturrecht basierende Doktrin der individuellen Rechte formuliert, welche zu einer in ihrer Produktivität, Großzügigkeit und Universalität beispiellosen Ära der Freiheit geführt hat.

Das höchste Ideal jedoch, das ein Individuum anstreben kann, darf nicht auf einem atomistischen Individualismus beruhen oder auf der These, dass die höchste Ausprägung des menschlichen Strebens mit einer isolierten Selbstverwirklichung gleichzusetzen ist.

Konservative können zu Recht darauf bestehen, dass die Höchsten den Niedrigsten dienen müssen, und zwar gemeinschaftlich, im wahrhaft religiösen Sinne; sie können zu Recht anmerken, dass wir unsere wahre geistige Gesundheit erst in der Beziehung zur Gemeinschaft finden.

Konservative können feststellen, dass die geistige Gesundheit selbst, sowohl die persönliche als auch die soziale, etwas ist, was ständig und unausweichlich ausgehandelt werden muss; dass es auf der individuellen Ebene schlichtweg kein Glück oder auch nur das Streben danach geben kann, wenn das soziale Umfeld nicht optimal funktioniert.

Ein rein individuelles Ethos ist oberflächlich, unhaltbar, unwürdig und zerbrechlich (Was tun wir, wenn unser Glück verschwindet?).

Ein rein individuelles Ethos versagt uns die notwendige Orientierung für das Hoffnung stiftende Aufwärtsstreben. Es versagt uns die nötige Integrität, um Versuchungen zu widerstehen. Es versagt uns das Gegenmittel gegen die gefährliche und narzisstische Ausweitung von Ego und Anmaßung, oder es versagt uns die Bande der Liebe, die uns durch Trübsal, Anfechtungen und Tragik tragen.

Schöpfungsverantwortung

Als angemessene Antwort auf die Notwendigkeit, in harmonischer Beziehung mit der natürlichen Welt zu leben – von der letztlich unser Leben abhängt –, können die Vertreter des konservativen

Ethos eine verantwortungsvolle Fürsorge anbieten. Dies ist eine Ausweitung der angemessenen kanonischen Antwort auf die Schätze der historischen Vergangenheit: Das, was wertvoll ist, sollte erkannt, geschätzt, erhalten, gehütet und an die nächsten Generationen weitergegeben werden.

Der Wirkungsbereich menschlicher Aktivitäten hat sich in den letzten Jahrzehnten auf ein Maß ausgeweitet, das diese Aktivitäten zu einer wahrhaft erdumspannenden Kraft macht. Dies stellt uns vor reale Gefahren, aber auch vor unvergleichliche Chancen: Panisches, apokalyptisches Denken in Bezug auf Ersteres demoralisiert, verleitet zu einer leichtfertigen und eigennützigen Dämonisierung und Verunglimpfung anderer und rechtfertigt die Art von impulsiver, unbesonnener, reaktiver globaler Intervention, die leicht zu unvorhergesehenen Problemen führen kann – gleichen oder größeren Ausmaßes als das ursprüngliche Problem.

Im Gegensatz dazu können besonnene Verwalter der natürlichen Welt, geleitet von den Lehren, die dem westlichen Kanon innewohnen, die Besonderheiten der Probleme erkennen, die die Beziehung zwischen unserer industriellen Kultur und der natürlichen Welt kennzeichnen; sie können voller Zuversicht festhalten, dass der menschliche Einfallsreichtum, der sich am effektivsten in freien Gesellschaften manifestiert, schon immer die Armut gelindert und die übermäßige Ungleichheit beseitigt hat und dies durchaus auch in Zukunft und auf immer effizientere Weise tun könnte.

Sie können darauf hinwirken, dass die menschliche Bevölkerung und die einzelnen Menschen, aus denen sie besteht, im globalen Kontext als insgesamt positives Gut betrachtet werden; sie können vor allem jungen Menschen die Botschaft vermitteln, dass Menschen mit Glauben, Mut und gutem Willen die sehr realen Probleme, mit denen wir konfrontiert sind, bewältigen können und die Zukunft statt der stets drohenden Apokalypse zu einem immerwährend produktiven und üppigen Garten machen können, den wir alle pflegen und bewohnen dürfen.

Gerechtigkeit

Jedes Individuum, das auf optimale und sozial förderliche Weise nach oben strebt, verdient die Vorteile, die sich aus den Folgen dieses Bemühens ergeben, und muss diese auch erhalten.

Es geht um die kluge und anspruchsvolle Würdigung, Belohnung und Verstärkung von produktiven und uneigennützigen Fähigkeiten.

Es geht um die Gerechtigkeit, die diese produktive Großzügigkeit auf individueller und gesellschaftlicher Ebene fördert und erhält.

Es geht um die Gerechtigkeit, die den Bestrebungen und Äußerungen der Vergangenheit und der Gegenwart kritische Aufmerksamkeit schenkt und eine ständige Trennung der Spreu vom Weizen ermöglicht.

Es geht um die Gerechtigkeit, die in der Vergangenheit und auch zwingend in der Zukunft die unersetzliche, notwendige und korrigierende Ergänzung zu dem unvorsichtigen, allzu nachsichtigen und infantilisierenden universellen Mitgefühl darstellt, das sich gern selbst als moralische Tugend ausgibt und als solche Anerkennung verlangt.

Konservative können zu Recht darauf bestehen: Wahre und umfassende Gerechtigkeit gründet sich auf die unersetzlichen Traditionen unserer Vorfahren und schließt alle Bürger, unabhängig von Abstammung oder Lebensumständen, nach wie vor in gleichem Maße ein.

Tradition

Konservative müssen mit mutigem Glauben und Vertrauen bekräftigen: Die grundlegenden Institutionen des Westens sind sowohl in philosophischer als auch in praktischer Hinsicht solide. Die Erkenntnis, dass jeder Mensch vor dem Gesetz gleich ist und einen göttlichen Eigenwert besitzt, ist untrennbar mit der Prämisse des souveränen Bürgers verbunden, ebenso wie die damit einhergehende Überzeugung, dass die Stabilität des Staates auf dem sorgsamen und wahrheitsgemäßen Urteil dieses Bürgers beruht.

Die Erkenntnis, dass ehrlicher und ungehinderter Diskurs unter Männern und Frauen guten Willens den immerwährenden Weg zur erquickenden und erlösenden Wahrheit darstellt, ist eine Einsicht, deren begriffliche Tiefe und Zuverlässigkeit in der Menschheitsgeschichte ihresgleichen sucht.

Die Parlamente, Kongresse und Senate, in denen wir im Westen die unartikulierten, aber verlässlichen und vertrauenswürdigen Ansichten und Wünsche des Volkes in artikulierte Gesetze umwandeln, an die wir uns alle halten, sind grundsätzlich gut und funktionsfähig, erfordern aber das weise Vertrauen und das aktive Engagement, das die Konservativen verkörpern und fördern sollten.

Die Ehe, nicht die sexuelle Befriedigung, ist das angemessenste Ziel der Liebe. Kinder und Erwachsene blühen in stabilen Familien mit zwei Elternteilen. Mit einer stabilen Ehe und Familie ist der Gemeinschaft im Allgemeinen am besten gedient.

Mit einer unkorrumpierten und wahrhaft kooperativen und wettbewerbsfähigen freien Marktwirtschaft ist den Bedürfnissen der in absoluter Armut lebenden Menschen am besten gedient. Das sehr reale Problem der Ungleichheit löst sich am besten durch eine lobenswerte Kombination aus Produktivität und Großzügigkeit innerhalb des Rahmens, den solche strukturierten Systeme bieten.

All dies fügt sich in den übergreifenden Rahmen des abrahamitischen Kanons ein, der uns von unseren Vorfahren hinterlassen wurde, und sollte im Geiste der Dankbarkeit und Demut als untrennbarer Bestandteil dieses Erbes vorgestellt werden.

Einigkeit

Ein Haus, das in sich gespalten ist, kann nicht bestehen. Achtung der individuellen Souveränität, Wertschätzung der intakten Familie, verantwortungsvolles Engagement in bürgerlichen Institutionen, Dankbarkeit für die Traditionen, die uns binden und vor dem Chaos schützen, und mutiges Vertrauen in den grundlegenden guten Willen der anderen – all das schafft sowohl im äußeren Schein als auch im realen Leben Einigkeit.

Idealerweise zeichnen sich Konservative durch eine tiefe Wertschätzung für die Notwendigkeit einer solchen Einigkeit aus, da sie sie als Grundlage für die friedliche Zusammenarbeit und den fairen Wettbewerb begreifen, die uns angesichts von Widrigkeiten und Feindseligkeiten in der Vergangenheit stark gemacht haben und es auch in Gegenwart und Zukunft tun werden.

Eine solche Einigkeit sorgt auch für die individualpsychologische und gesellschaftliche Vorhersehbarkeit und Struktur, die den destabilisierenden Schrecken der Ungewissheit in Schach hält. Sie dient auch dem gemeinschaftlichen Ziel, das dem Einzelnen einen Rahmen für seine Hoffnung bietet.

Die Vorstellung, dass eine solche Einigkeit grundsätzlich nicht möglich sei oder dass sie immer durch den Einsatz von eigennütziger Macht und Zwang erkauft werde, ist falsch. Wer so argumentiert, behauptet erstens, dass Uneinigkeit und das damit einhergehende Chaos unvermeidlich seien, und zweitens, dass ein tiefgreifendes Missverständnis herrsche hinsichtlich der kausalen Beziehung zwischen wahrer Stabilität und produktivem Frieden und den Grundsätzen der freien Entscheidung, des freiwilligen Zusammenschlusses, des gegenseitigen Austauschs, der reifen Fähigkeit zum Aufschub von Befriedigung und des verantwortlichen Handelns.

Eine Zustimmung zu diesen doppelten Annahmen bewirkt eine kontraproduktive und destabilisierende Angst und orientierungslose Hoffnungslosigkeit und in der Folge einen bitteren Zynismus, der keine begriffliche oder praktische Alternative zur persönlichen Anwendung willkürlicher Gewalt kennt. Dies ist ein Rezept für den persönlichen Untergang und die gesellschaftliche Katastrophe.

Schlussfolgerung

Das blinde und zweckdienliche Beharren darauf, dass die Wahrheit eine Illusion sei und dass in Wirklichkeit nichts als die Macht regiere, hat nahezu alles auf der Strecke bleiben lassen, was als Wegweiser zum Ziel und als Bollwerk gegen die Verzweiflung von echtem und bleibendem Nutzen ist. Die demoralisierten Menschen im Westen und in der übrigen Welt schreien daher geradezu nach einer Wiederherstellung der aufgegebenen Werte der individuellen Souveränität, des verantwortungsvollen und echten Dienstes an der Gesellschaft und der Sinnhaftigkeit – Werte, deren Akzeptanz und Verkörperung unsere freien Gesellschaften erst möglich, produktiv, bewundernswert, generativ und stabil machen.

Konservative, die sich an die Vorgaben des zeitlosen westlichen Kanons halten, sind aufgerufen, von Neuem zu bekräftigen, dass die Grundsätze, nach denen wir handeln, die Tugenden, an die wir glauben, und die Freiheit, auf deren Fundament wir stehen, die wirkliche Grundlage für das Leben in Fülle bilden, das Menschen guten Willens sich wünschen und das zu schaffen und aufrechtzuerhalten wir durchaus in der Lage sind.

Anhang 1

Über Armut und Ungleichheit, ihre Natur und ihre Bekämpfung

Es ist von zentraler Bedeutung, dass Konservative das wahre Wesen materieller Entbehrungen und die ungleiche Verteilung sowohl von Ressourcen als auch von Chancen verstehen und diskutieren.

Absolute Armut ist nicht in erster Linie Folge individueller Sünden oder Folge des Versagens von Sozialsystemen. Sie ist vielmehr eine brutale und unabänderliche Naturgegebenheit. Alle Lebewesen sind dazu verurteilt, für ihr Überleben kostspielige Anstrengungen zu unternehmen und Ressourcen anzusammeln wie auch zu verbrauchen.

Die Armut, die überwunden werden muss, um Entbehrung, Schmerz und Tod in Schach zu halten und die Fortpflanzung zu sichern, hat ihre Ursache also nicht in erster Linie in der Ausbeutung eines Menschen durch einen anderen oder in Versagen und Beeinträchtigung gesellschaftlicher Institutionen. Es ist umgekehrt: Dort, wo die Überwindung großer Not gelingt, liegt ein an sich unwahrscheinliches Ergebnis vor, das auf löbliche individuelle Anstrengungen und auf ein funktionierendes und nachhaltiges soziales Wirken zurückgeht.

Das Gleiche gilt für die relative Armut. Die ebenso unbarmherzige Tatsache eines ungleich verteilten Gewinns und Verlusts ist im grundlegenden Sinne weder auf Unzulänglichkeiten des individuellen Strebens noch auf eine Insuffizienz der sozialen Institutionen zurückzuführen. Sie ist vielmehr etwas, das tief und auf geheimnisvolle Weise in der Struktur der Realität selbst verankert ist, sowohl der natürlichen als auch der sozialen Realität. Das trifft auf die Verteilung der Materie in den Galaxien zu (einige wenige Sterne haben den Großteil der Masse), auf die Bewegung des Wassers innerhalb der Ökosysteme (einige wenige Flüsse führen das meiste Wasser der Welt), auf die Ansiedlung von Menschen in geografischen Regionen (einige wenige Städte haben die meisten Menschen), auf die Schwere von Naturkatastrophen (einige wenige Erdbeben zerstören die meisten Gebäude) und auf die Verteilung der natürlichen Ressourcen (einige wenige Ölfelder haben die meisten Vorkommen).

Dasselbe Prinzip gilt für die Leistungsfähigkeit und den Empfang der damit verbundenen Belohnungen in gesellschaftlichen Bereichen (einige wenige klassische Komponisten haben die gesamte Musik des gängigen klassischen Repertoires geschrieben), für wissenschaftliche Bemühungen (ein kleiner Teil der Wissenschaftler veröffentlicht die meisten wissenschaftlichen Arbeiten; einige wenige wissenschaftliche Arbeiten erhalten einen Großteil der Zitierungen) und für den Verkauf von Büchern (einige wenige Autoren dominieren die Bestsellerlisten).

Diese Ungleichheit besteht in gleicher Weise auf der Produktionsseite, da in jedem Unternehmen einige wenige Menschen den größten Teil der wertvollen Arbeit verrichten, und auf der Vergütungsseite, da einige wenige Menschen den größten Teil des Einkommens und des Wohlstands erhalten. Eine Vielzahl natürlicher Prozesse und sämtliche bekannten produktiven und kreativen Bestrebungen erzeugen eine Ungleichheit, die daher sowohl anerkannt als auch gehandhabt werden muss.

Weder das Vorhandensein der genannten Tatsachen, die nicht mehr sind als nur ein kleiner Teil der in diesem Zusammenhang möglichen Beispiele, noch der Hinweis auf solche Tatsachen stellt eine Rechtfertigung für die Existenz der relativen

Armut dar (und ebenso wenig wird die absolute Not dadurch gerechtfertigt, dass man auf ihre Existenz a priori hinweist). Vielmehr werden sie hier ausdrücklich benannt, um sicherzustellen, dass die Realität der Ungleichheit und die Schwierigkeit ihrer Überwindung sowohl anerkannt als auch ausreichend ernst genommen werden (und nicht etwa gedankenlos und damit in gefährlicher Weise auf das bloße Vorhandensein von Kapitalismus oder die Unzulänglichkeit von Demokratie oder freien Märkten zurückgeführt werden).

Es ist ebenfalls wahr und muss gesagt werden, dass die – wie auch immer motivierte – Bereitschaft und Fähigkeit zur Ausbeutung sowie die Degeneration und das Versagen sozialer Systeme – von der Familie über den Staat und die Kirche – selbstverständlich das notwendige Vertrauen sowie die Einstellungen und Praktiken beeinträchtigen oder sogar zerstören können, die einer nachhaltigen, produktiven und großzügigen bürgerlichen Gemeinschaft zugrunde liegen.

Aber – und das muss wiederholt werden – das bedeutet keineswegs, dass solche Wünsche, Verfallserscheinungen und Eingriffe die Grundursache für die grundlegenden wirtschaftlichen Probleme sind, die uns und unsere Institutionen plagen.

Richtig ist vielmehr, dass viele individuelle Bestrebungen und Handlungen, die sich in guter

Weise manifestieren, und soziale Institutionen, die in der richtigen Weise aufgebaut und aufrechterhalten werden, in Hülle und Fülle produzieren und verteilen – doch werden sie in diesen Eigenschaften behindert durch Gier, Ressentiments, nihilistischen Unglauben und Verwirrung wie auch durch die politischen, wirtschaftlichen, soziologischen und theologischen Folgen dieser Motivationspathologien.

Aus der Tatsache der von vornherein bestehenden Entbehrung und dem Wirken tiefgreifender Gesetze der ungleichen Produktion, Verteilung und Vergütung ergibt sich, dass sich sowohl Individuen als auch die Gesellschaft so strukturieren müssen, dass produktive Menschen die Freiheit haben, produktiv zu sein, und dass sie in optimaler Weise dazu angeregt werden, weiterhin zu produzieren.

Dennoch obliegt es den Konservativen, die Katastrophe der absoluten Not und die Gefahr, die potenzielle Tragödie und den sozialen Sprengstoff radikaler Ungleichheit im tiefstmöglichen Sinne zu begreifen. Sie müssen mit der Not derer mitfühlen, die von solchen Realitäten betroffen sind, und auf die Gefahr hinweisen, die die unkontrollierte Ungleichheit von Besitz und Chancen für die gemeinschaftliche Ordnung darstellt.

Diejenigen, die sich an den westlichen Kanon halten, müssen sich daher für das Vorhandensein einer Fülle von produktiven Unternehmen einsetzen, damit viele Menschen in den verschiedensten Bereichen hoffnungsvoll nach Erfolg streben können, und sie müssen sich auch darum bemühen, eine Ethik und Kultur der produktiven Großzügigkeit zu fördern und zu erhalten. Auf diese Weise wird am besten sichergestellt, dass jeder unabhängig von den Unwägbarkeiten seiner angeborenen Fähigkeiten am Ganzen teilhaben kann. Und es wird sichergestellt, dass es mit Blick auf absolute und relative Armut einen verantwortungsvollen Umgang, dass es Ausgleich und Sühne gibt.

Uns allen ist ein willkürliches und ungleiches Maß an Entbehrungen und Privilegien beschieden. Die einen werden arm, schwach und ungesund geboren, die anderen reich an Ressourcen, Chancen, Fähigkeiten und Gesundheit.

Die angemessene Antwort auf diese offensichtliche Ungerechtigkeit der Verteilung besteht erstens in einer mutig zum Ausdruck gebrachten Duldsamkeit und Dankbarkeit und zweitens in der Kultivierung des Wunsches und der Fähigkeit, diese ungleich verteilten Talente und Gaben in den Dienst der Armen, Unterdrückten, Ausgegrenzten und Schwachen zu stellen. Ein solcher Dienst erfüllt die Forderungen des Gewissens und des Staates im wahrsten und dauerhaftesten

Sinne. Ein solcher Dienst ist außerdem die gültigste und zuverlässigste Quelle der Sinnhaftigkeit, die uns alle wahrhaftig trägt und uns individuell und kollektiv vor Verzweiflung schützt, da wir den dramatischen und schwierigen Launen des Schicksals ausgesetzt sind.

Es ist wahrhaftig besser zu geben, als zu nehmen; und Konservative täten gut daran, ihre Forderungen nach Freiheit, Autonomie und Tradition mit dem Versprechen zu verbinden, fürsorglich, großzügig und wohltätig zu sein.

Anhang 2

Über persönliche Verantwortung und die praktische Bedeutung, die dem Sinn des Lebens zukommt

Wo es an einem tiefen und tragfähigen Sinn des Lebens mangelt, werden uns Tragik und Verrat, die unweigerlich Teil des Lebens sind, den Mut nehmen, wodurch ein mitunter unerträgliches Leid entsteht, das uns alle zu Hedonismus, Zynismus, Hoffnungslosigkeit, Bitterkeit, Missgunst und schließlich zu den Verlockungen rachsüchtiger Grausamkeit verleitet.

Dieser Sinn, den es braucht, ist mittlerweile fragwürdig geworden, nicht zuletzt infolge der philosophischen und theologischen Verwirrung, die sich nach dem sogenannten «Tod Gottes» manifestiert hat: Junge wie alte Menschen wissen nicht mehr um ihr kulturelles Erbe, stehen den Vorzügen des Erwachsenseins skeptisch gegenüber, werden in ihrer Handlungsfähigkeit nicht mehr unterstützt, müssen sich des Vorwurfs der Vorurteile und des ungebührlichen Ehrgeizes erwehren und werden mit einer ständigen Mischung aus apokalyptischem Untergang und historischer Schuld gefüttert.

Dies hat – trotz des Wohlstands und der Sicherheit der heutigen Zeit und der weiten Horizonte der Möglichkeiten, die sich jedem bieten – zu einer gefährlichen Demoralisierung geführt. Diese zutiefst beunruhigende Situation erzeugt ein zunehmendes Misstrauen, das den Wert menschlicher Bemühungen infrage stellt und die Beweggründe der anderen immer verdächtiger erscheinen lässt. Dies äußert sich in einer gefährlichen und sich beschleunigenden Polarisierung, bei der gemeinsame Ziele bröckeln und wechselseitige Anschuldigungen über Korruption, Ausbeutung und Viktimisierung zunehmen.

Konservative können nicht nur eine philosophische und theologische Alternative zum Verfall des Glaubens bieten, der zu solchem Misstrauen und Verdacht führt, sondern auch einen praktischen Leitfaden für die Ausrichtung des Lebens, und zwar dergestalt, dass seine Zumutungen und Leiden erträglich werden, seine Stabilität gewahrt wird und sein abenteuerlicher Charakter erhalten bleibt.

Die Werte der Reife, der Verantwortung, der Pflicht, der Tradition, der Leistungsbereitschaft, des Fleißes und des bürgerlichen Engagements werden heute oftmals kritisiert und abgelehnt; sie gelten als anachronistisch, ja werden sogar an den Pranger gestellt; sie werden als Problem und nicht als Lösung betrachtet; sie werden als untugendhaft und ausbeuterisch angesehen.

Dabei sind sie genau das Gegenteil: die alltäglichen Tugenden der Haltung und der Gewohnheit nämlich, die Stabilität, Hoffnung und Zusammenhalt vermitteln und ein echtes, altbewährtes und sofort einsetzbares Gegenmittel gegen die Verwahrlosung des moralischen Relativismus, der kulturellen Auflösung, der philosophischen Ignoranz und der persönlichen Verwirrung darstellen.

Reife, Opferbereitschaft und Widerstand gegen Versuchungen

Die Fähigkeit, die Befriedigung hinauszuzögern, ist das Wahrzeichen der Reife und ein wesentlicher Teil des Prozesses der Anpassung an die Realität der Zukunft (da gegenwärtige Handlungen zukünftige Konsequenzen haben) und an die Komplexität, die sich aus der Notwendigkeit ergibt, kurzfristige individuelle Bedürfnisse mit den Anforderungen einer ausgeklügelten sozialen Gegenseitigkeit in Einklang zu bringen. Das bedeutet, dass jeder von uns sich verpflichten muss, in der Gegenwart schwere Lasten zu tragen, um das Überleben seines zukünftigen Selbst und in ähnlicher Weise auch das seiner Familie und seiner Gemeinschaft jetzt und später zu sichern.

Diese Reife sollte von Konservativen durchaus als angemessenes und erstrebenswertes Ziel der kindlichen und jugendlichen Entwicklung anerkannt und gefördert werden – als Daseinszustand, der früheren Entwicklungsstadien vorzuziehen ist; als achtbares, valides und lohnendes Entwicklungsziel; und als Vorbedingung für die Schaffung komplexer, produktiver gesellschaftlicher Institutionen.

Ehe

Die Vorstellung, dass sexuelle Intimität am besten in den Grenzen einer stabilen Beziehung aufgehoben ist, dass ein Mann und eine Frau als dauerhafte Einheit zusammenkommen sollten und dass Kinder zur optimalen Entwicklung mindestens zwei verschiedengeschlechtliche Elternteile brauchen, kommt einer universalmenschlichen Erkenntnis näher als alles andere, was jemals entdeckt, verbreitet und umgesetzt wurde. Die Ehe bietet jedem Einzelnen die Möglichkeit echter körperlicher und geistiger Intimität, die Chance zu echter, erhebender Kommunikation und psychologischer Entwicklung, eine solide Grundlage für die Herausforderung der Kindererziehung und die tiefe Befriedigung, die damit einhergeht, sich auf ein schwieriges, lohnendes und reifes Unterfangen einzulassen.

Eine Kultur, die fest auf der Grundlage der stabilen Monogamie steht, ist weniger anfällig für übersteigerte jugendlich-männliche Aggression, die sich oft als Folge von Eifersucht, Einsamkeit und existenzieller Frustration manifestiert; sie bietet Frauen die nötige Stabilität, um sich auf eine Schwangerschaft und die mit der Betreuung von Kleinkindern einhergehende Verletzlichkeit einzulassen; und sie liefert Jungen und Mädchen geeignete Vorbilder für die Entwicklung einer stabilen Identität und eines tragfähigen Musters für das Erwachsensein.

Konservative sollten diese grundlegendste aller gesellschaftlichen Einrichtungen vorbehaltlos bewundern und fördern; alle anderen Optionen – wie wünschenswert sie im Prinzip auch sein mögen und wie sehr sie auch mit einer vermeintlichen Utopie verbunden sein mögen – sind im Vergleich dazu zumindest zu einem relativen Misserfolg verdammt, vielleicht sogar zu einem Misserfolg mit schlimmen, unabsehbaren Konsequenzen.

Das bedeutet nicht, dass alternative Regelungen, ob sie nun aus Notwendigkeit oder durch freiwilligen Wunsch entstanden sind, auf leichtfertige, opportunistische oder grausame Art abgewertet werden sollten. Es bedeutet aber, selbst mit dieser Einschränkung, dass der Goldstandard der dauerhaften traditionellen monogamen Beziehung sich einer breiten gesellschaftlichen Anerkennung und Würdigung erfreuen sollte.

Familie

Ein Mann oder eine Frau, der/die loyale, fürsorgliche Eltern, verlässliche, treue und ehrliche Brüder und Schwestern und Kinder hat, die in Liebe und gegenseitiger Achtung verbunden sind, ist ein Individuum, das geschätzt, gefeiert, unterstützt, erinnert und geachtet wird. Wir alle müssen daher ermutigt werden, mit gutem Willen und ehrlichem Mut daran zu arbeiten, unsere Beziehungen zu unseren Söhnen und Töchtern, Vätern und Müttern sowie Brüdern und Schwestern zu schätzen, zu kitten und zu pflegen, um unsere Familien zu festigen, zu stärken und zu wahren Pfeilern der Gemeinschaft zu machen.

Konservative können und sollten die Einstellungen und Maßnahmen, die zur Förderung einer solchen familiären Integration erforderlich sind, thematisieren und öffentlich und ausdrücklich unterstützen, und sie sollten sich bemühen, dies ohne kompromittierende Selbstzweifel oder Schuldgefühle zu tun.

Die Handlungen, die erforderlich sind, um Familien zu vereinen und sie angesichts von Widrigkeiten stark zu machen, sind grundlegend mit denjenigen verwandt, die auch für verlässliche und produktive gesellschaftliche Institutionen auf Ebenen sozialer Organisation sorgen, die das Intime und Persönliche umgeben und umfassen. Richtiges und fürsorgliches Handeln auf lokaler Ebene bereitet uns also auf ein richtiges und fürsorgliches Handeln unter Freunden, Nachbarn, Kollegen und Mitbürgern vor. Nichts von alledem bietet einen Anlass für zersetzende Selbstzweifel oder unterminierende Schuldgefühle.

Freundschaft

Jeder Mensch ist gut bedient und gut unterstützt mit einem Netzwerk von Freunden, die vertrauensvoll und einander wohlwollend verbunden sind. Freunde, die imstande sind, in Zeiten von Tragik und Verrat Trost zu spenden. Freunde, die zugleich fähig und bereit sind, in Zeiten von

Erfolg und Triumph die Freude zu teilen und aufrichtig mitzufeiern.

Solche Freundschaften können nicht durch Dominanz, Gewalt und Zwang entstehen oder aufrechterhalten werden, sondern nur durch den Geist der Gegenseitigkeit und des freiwilligen Spiels, der die produktivsten, stabilsten und erstrebenswertesten Formen der menschlichen sozialen Organisation kennzeichnet.

Menschen, die von Freunden umgeben sind, die wirklich das Beste für sie wollen, die ihnen aber auch in Zeiten der Ungewissheit, der Verwirrung, des Zynismus und der Verzweiflung zur Seite stehen, befinden sich in existenzieller, psychologischer und praktischer Hinsicht in einer weitaus stabileren Lage; sie haben eine viel geringere Wahrscheinlichkeit, im Chaos zu versinken, und eine viel höhere Aussicht, in einer optimalen Ordnung zu bestehen und zu gedeihen. Gesellschaften, die aus in solchen Freundschaften verankerten Individuen bestehen, sind mit größerer Wahrscheinlichkeit stabil, produktiv, selbstlos und großzügig.

Beschäftigung

Arbeit – Job oder Karriere – ist eine gesellschaftlich geschätzte produktive Tätigkeit, die in der

Regel einen Verzicht auf momentane Bedürfnisse zugunsten der Allgemeinheit und der Zukunft beinhaltet. Sie ist notwendig (um es noch einmal zu sagen), nicht weil eine Klasse, ein Geschlecht oder eine Rasse eine andere dominiert, sondern weil Entbehrungen die Grundbedingung des Lebens sind und Anstrengungen unternommen werden müssen, um sie zu bewältigen.

Arbeit wird oft zynisch als Fluch oder als Zeichen von Ausbeutung und Viktimisierung angesehen, und tatsächlich kann sie sich in entwürdigender, unerträglicher und hoffnungsloser Schufterei äußern.

Unter optimalen psychologischen und sozialen Bedingungen ist Arbeit jedoch ein Segen, und zwar nicht nur, weil absolute Armut durch solche Anstrengungen gemildert werden kann, sondern auch, weil sich in einer gut und gewissenhaft ausgeführten Aufgabe ein echter und nachhaltiger Sinn finden lässt, selbst auf der einfachsten Ebene der Beteiligung an einem Vorhaben oder einer Unternehmung.

Eine richtig ausgeführte Arbeit kann die Chance bieten, einen echten sozialen Beitrag zu leisten; die Möglichkeit, dauerhafte Freundschaften und Arbeitsbeziehungen aufzubauen; die Gelegenheit, in persönlicher und praktischer Hinsicht zu lernen und zu wachsen; die Aussicht auf

Belohnungen, die mit der Teilnahme an einem lohnenden, wertvollen Unterfangen einhergehen; und die notwendige Erfahrung, um sachkundig und kompetent in umfassendere, komplexere, anspruchsvollere, produktivere und großzügigere Unternehmungen vorzustoßen.

Konservative können für die Arbeit plädieren; sie können dieses Plädoyer in ihre Bemühungen um die Aufrechterhaltung, Rechtfertigung und Förderung freier Märkte einbetten; sie können sich darum bemühen, die für die Arbeit geltenden Regeln gerecht und fair zu machen und so zu gestalten, dass Einsatz, Anstrengung und Leistung angemessen, nachhaltig und gerecht belohnt werden.

Bürgerliches Engagement

Die Stabilität von Staat und Land ist letztlich abhängig von der Integrität des Einzelnen und der Familie. Die lokale zivilgesellschaftliche Ebene fungiert dabei als notwendiger Mittler. Die Beteiligung an kleinen lokalen Institutionen – wo häufig echte, wertvolle und notwendige Aufbauarbeiten und Veränderungen stattfinden – ist daher eine weitere notwendige Voraussetzung für psychische Gesundheit, für gesellschaftlichen Zusammenhalt und produktiven Frieden. Sportmannschaften, Buch- und Theaterclubs, karitative Stiftungen, Wirtschaftsorganisationen, politische Parteien sowie Kirchen, Synagogen und Moscheen bieten alle einen gesellschaftlichen Wert und das Gefühl eines echten Beitrags: ein Gefühl, das zwangsläufig aus einem zwischenmenschlichen Miteinander und einem reifen und freiwilligen Dienst an anderen entsteht.

Konservative können die Entfremdeten und Verlorenen daran erinnern, dass die vielen ernsten Probleme, die gelöst werden müssen – und die vielen unterhaltsamen Spiele, die man spielen könnte – einen Horizont von Möglichkeiten bieten, der allein von der Bereitschaft abhängt, sich zu engagieren. Konservative könnten die Unzufriedenen, ob jung oder alt, einladen und ermutigen, ihre Dienste zur Verfügung zu stellen, damit die Gemeinschaft davon profitieren kann – und damit diejenigen, die ihre Dienste anbieten, willkommen geheißen, anerkannt und geschätzt werden.

Erfolg

Ehrgeiz im höchsten und wahrsten Sinne ist die Motivation, sich trotz Schwierigkeiten – Enttäuschung, Frustration, Entbehrungen, Tragik, Verrat und Böswilligkeit – vorwärtszubewegen und sich mutig, ehrlich, produktiv, aufrichtig und großzügig im Leben zu engagieren. Dies ist der Wunsch und die Bereitschaft, echte Kompetenz zu entwickeln, und nicht das Streben nach narzisstischer Selbsterhöhung; nicht der Ausdruck des Willens, zu dominieren, auszubeuten und zu unterdrücken.

Der Wunsch nach Erfolg ist in seiner tiefsten Ausprägung vielmehr die Motivation, zuerst den Weg zu sehen und dann zu beschreiten, der das Beste für alle bietet, auf sämtlichen Ebenen der Fähigkeiten und Möglichkeiten. Der Instinkt, sich für einen solchen Erfolg zu engagieren und ihn zu schätzen, ist Teil unseres höchsten moralischen Empfindens.

So gesehen ist der Ehrgeiz selbst nichts anderes als der absolut bewundernswerte Wunsch, unnötige Schmerzen und Leiden zu verringern, ein nachhaltiges Glück zu fördern und den Reichtum und Wohlstand zu schaffen, der für Sicherheit, Perspektiven und weitere Abenteuer sorgt. Aus diesen und den zuvor genannten Gründen ist es besser zu geben, als zu nehmen, und die reinste und bewundernswerteste Form des Erfolges ist ein Mehr für alle – und zwar auf eine gleichzeitig gerechte, nachhaltige und großzügige Art und Weise.

Nicht jeder muss sich an jeder gesellschaftlichen Einrichtung oder sozialen Aktion beteiligen, aber ein Mensch, der ohne jegliche Aktivitäten und soziale Bindungen leben kann, ohne dabei in Elend und Zynismus zu verfallen, ist in der Tat selten. Das bedeutet mitnichten, dass kreative Ausnahmen – und damit verbunden manchmal sogar eine Ablehnung bestimmter, eigentlich selbstverständlicher sozialer Normen – unnötig oder wertlos sind. Es bedeutet jedoch, dass die schöpferische Leistung, die nicht einfach nur rücksichtslos dezimiert und zerstört, in einem breiteren Rahmen gemeinsamer Annahmen, Wahrnehmungen und Handlungen – also gemeinsamer grundlegender Werte – erbracht werden muss.

Die Konservativen, die den westlichen Wertekanon aufrechterhalten und fördern wollen, können daher all jenen, die hoffnungslos und verloren sind, den Sinn, das Abenteuer und die Unterstützung aufzeigen, die im Wagnis und Streben all dieser traditionellen Unternehmungen zu finden sind.

Diese praktische Orientierungshilfe bietet das zuverlässigste Bollwerk gegen die sonst oftmals demoralisierenden Tragödien, den Verrat, die Enttäuschungen und die schweren Verluste, die die (nur allzu) menschliche Vorstellung und Existenz kennzeichnen. Wer in dieser Weise praktische Orientierungshilfe, Hoffnung und Halt bietet, liefert ein echtes Gegenmittel gegen jene Verzweiflung und Bitterkeit, die jede Hoffnung untergräbt, einen grausamen und rachsüchtigen Groll hervorruft und die Gesellschaft selbst auf gefährliche Weise destabilisiert und bedroht.

Resonanzen

Norbert Bolz

Fortschrittskonservative und Modernitätstraditionalisten

Wer ein Manifest schreibt, will nicht analysieren und argumentieren, sondern bestimmte politische oder kulturelle Ziele öffentlich deklarieren und «Gesinnungsgenossen» aktivieren. Das ist Jordan Peterson mit seinem «Konservativen Manifest» gelungen: Es resümiert Einsichten und Erfahrungen, denen wohl jeder Konservative, aber eigentlich auch jeder Liberale zustimmen kann. Dazu gehört die Einsicht, dass es zur freien Marktwirtschaft – oder sagen wir deutlicher: zum Kapitalismus – keine vernünftige Alternative gibt. Dazu gehört auch die Einsicht, dass den ökologischen Anliegen des Umweltschutzes durch den apokalyptischen Alarmismus der Grünen ein Bärendienst erwiesen wird. Zu Recht verweist Peterson auf den «menschlichen Einfallsreichtum», der uns den wissenschaftlich-technischen Fortschritt gebracht hat und der allein in der Lage ist, die ökologische Krise zu bewältigen. Hier zeichnet sich eine Position ab, die man «Fortschrittskonservativismus» nennen könnte.

Die kulturpolitische Dimension des Manifests wird vor allem dort deutlich, wo sich Peterson gegen die historische Ignoranz der «Wokeness» und ihren Absolutismus der Gegenwart positioniert. Gegen den Vulgärnietzscheanismus, der alles auf den Willen zur Macht zurückführen möchte, gegen Relativismus und Normalitätsleugnung hält Peterson an unserer Verpflichtung fest, nach Wahrheit zu suchen. Dazu gehört der Mut der Aufklärung, sich des eigenen Verstandes ohne Anleitung anderer zu bedienen, aber auch der Mut zu bürgerlichen Tugenden.

In der Frage nach den Maßstäben geistiger Orientierung ist Peterson klar und einfach – vielleicht zu einfach. Die «Vorgaben des zeitlosen westlichen Kanons» sind ihm unproblematisch. Aber wir haben ja gerade in den letzten Jahren gesehen, dass das, was uns im Westen als universalistischer Anspruch etwa von Menschenrechten selbstverständlich ist, vom Rest der Welt als Kulturimperialismus betrachtet wird. Schon vor über 100 Jahren hat der große Soziologe Max Weber dieses Problem mit der Vorsichtsformel «nur im Okzident» markiert: Der Universalismus der Werte ist unsere westliche Perspektive auf die Welt. Und hier liegt die wohl größte geistige Aufgabe der Konservativen heute: das Paradoxon einer «universalistischen Perspektive» zu entfalten.

Natürlich geht das über die Absichten und Möglichkeiten eines Manifests hinaus. Aber auch andere Fragen behandelt Peterson mit einer – durchaus sympathischen! – Naivität. Das wird besonders deutlich, wenn er etwa von «Menschen guten Willens» oder von «ewigen Wahrheiten», ja von «erlösender Wahrheit» spricht. Das grenzt an religiöse Rhetorik, während Konservative ja vielmehr die Aufgabe hätten, die gesellschaftliche Funktion von Religion herauszuarbeiten. Über dem ganzen Manifest schwebt das Phantom einer Wertegemeinschaft, die bei Lichte betrachtet aber nur das Inkognito einer Religionsgemeinschaft ist. In einer modernen, pluralistischen Gesellschaft ist das aber völlig unrealistisch. Hier herrscht ein ewiger Kampf der Werte, und deshalb darf die Politik vom einzelnen nicht ein Wertebekenntnis, sondern lediglich Gesetzesloyalität verlangen.

Wenn man bei Google das Wort «konservativ» eingibt, werden als «ähnlich» angeboten: rückschrittlich, rückständig, althergebracht. Das fasst die Vorurteile derer, die sich selbst für fortschrittlich und der Zukunft zugewandt halten, ganz gut zusammen. Und obwohl man mittlerweile Zweifel hat, ob die politische Szene heute noch sinnvoll per Unterscheidung von links und rechts beschrieben werden kann – zumal die Linke seit über hundert Jahren «ideenkonservativ» auftritt –, erscheint den meisten die Unterscheidung von progressiv und konservativ nach wie vor plausibel.

Doch die Welt so zu sehen, erweist sich mittlerweile selbst als rückständig und althergebracht. Man muss die Konservativen auf einem anderen Schauplatz suchen, nämlich auf dem der Bürgerlichkeit und des gesunden Menschenverstands.

Konservativismus ist der Glaube an die Normalität, gesunder Menschenverstand ist der Sinn für Normalität.

Doch der gesunde Menschenverstand hat es heute schwer. Es gibt nichts Selbstverständliches mehr. Man könnte das Normalitätsschwund nennen. In allen Lebensbereichen sind die traditionellen Standards fragwürdig geworden. Doch wie soll man ohne Normalität leben? Sollen wir täglich alles immer wieder neu aushandeln? Eine solche Praxis des permanenten Aushandelns ist die Politik der Verständigung als Farce, denn sie verdrängt die Frage nach dem Richtigen. Gerade die regierungsoffizielle Kultur der sogenannten «Diversity» sieht keine Unterschiede mehr. Mit ihrem Diskriminierungsverbot tabuisiert sie die Unterscheidung von normal und pathologisch. Dadurch wird die Neurose zum Identitätsentwurf aufgewertet. Der Neurotiker klammert sich an seine Angst und wird darin von den Warnern und Mahnern in den Medien bestätigt. Im Klartext bedeutet das, dass Hysteriker nicht mehr psychoanalytisch behandelt, sondern politisch geadelt werden. Jeder Wahn verlangt heute Respekt.

Und wie reagiert der Konservative auf diese Komödie der Empfindlichkeiten? Nicht mit Protest, sondern mit Humor und Ironie, mit Witz und befreiendem Lachen – in unbeirrbarem Vertrauen auf seine Urteilskraft und seinen gesunden Menschenverstand. G. K. Chesterton hat einmal gesagt, nichts sei aufregender als die Orthodoxie. Modern, snobistisch, verrückt zu sein ist einfach. Aber gesund und bei klarem Verstand zu sein, ist ein spannendes Abenteuer. Seit das Illegitime normalisiert und das Normale stigmatisiert wird, erscheint ein Mensch, der seinen gesunden Menschenverstand bewahrt hat, den Linken als reaktionär. In Wahrheit beweist er aber nur den Mut, das Offensichtliche zu sehen und zu sagen.

Der Konservative ist nicht reaktionär. Er versteht sich nicht als Aufhalter des Bösen. Vielmehr ist er ein Anknüpfer, der in unserer Geschichte die bewahrenswerten Errungenschaften pflegt.

Während die sich fortschrittlich Dünkenden in einer Filterblase der absoluten Gegenwart leben und denken, lebt der Konservative von der Kraft der Tradition. Diese Tradition wird aber nicht einfach nur «weitertradiert», sondern behutsam rationalisiert. So wird eine pragmatische Politik möglich, die von der Vermutung ausgeht, dass das Bestehende vernünftig ist.

Das stärkste Argument für den Konservativismus ist die Komplexität der modernen Welt. Unvorhersehbarkeit und Unsicherheit sind ihre wesentlichen Charakteristika. Die Corona-Pandemie und der Ukraine-Krieg haben uns das in dramatischer Weise vor Augen geführt. Solche Komplexitätserfahrungen machen konservativ und ersparen uns den Realitätsverlust, der so charakteristisch für die utopisch planende Vernunft der Linken ist. Im Politischen gibt es nämlich keine Wahrheit, sondern man schafft Wirklichkeit. Deshalb kann man politische Urteile auch nicht beweisen, sondern nur bewähren. Urteilskraft ist eine unhintergehbare Kategorie. Kant hat sie als eine Sache der Reife verstanden.

Es stimmt zwar, dass die moderne Welt dort beginnt, wo der Mensch viele seiner Traditionen hinter sich lässt, das heißt, wo sich seine Zukunft von seiner Herkunft befreit. Das ist ja auch die stolze Selbstbehauptung der Moderne. Dieser

Prozess der Aufklärung, der sich von der Tradition emanzipierte, hat aber selbst eine mächtige Tradition entwickelt, nämlich die Tradition der Freiheit. Mit anderen Worten: Indem sich die Moderne erfolgreich in einem radikalen Bruch mit der Tradition entwickelt, stiftet sie selbst die Tradition der Moderne.

Konservativ ist seither derjenige, der sich im Zweifel für die Tradition entscheidet – aber eben für diese Tradition der Moderne. Insofern ist echter Konservativismus – mit einem guten Begriff des Philosophen Odo Marquard – Modernitätstraditionalismus. Der Konservative, der sich so versteht, verteidigt die fantastischen Errungenschaften der Moderne – als da sind: wissenschaftlicher Fortschritt, technische Weltbeherrschung und gesellschaftlicher Wohlstand.

Norbert Bolz ist Publizist. Als Kommunikationstheoretiker und Designwissenschaftler lehrte er als Professor für Medienwissenschaften an der TU Berlin.

Birgit Kelle

Die Ewige Philosophie – oder: philosophia perennis reloaded

Das Problem des Westens besteht nicht im fehlenden Erkenntnisgewinn, sondern im Vergessen desselben. Heute, da der Begriff der universalen Menschenrechte überstrapaziert ist, individuelle Freiheit gegen die Forderungen identitärer Kollektive eingetauscht und das Recht auf Leben durch das Recht auf Töten und Sterben pervertiert werden, ist nicht fehlendes Wissen das Problem, sondern die Ignoranz gegenüber jenen stabilisierenden Faktoren, die eine Gesellschaft widersprüchlichster Individuen zusammenhalten. Die Ignoranz gegenüber jenem, was die Menschheit bereits als Wahrheit oder zumindest als hilfreich erkannt, aber mit wiederkehrendem Eifer durch die Jahrhunderte selbst immer wieder tief vergräbt.

Petersons Manifest ist der Versuch der publikumswirksamen Reanimation einer verschütteten *philosophia perennis*. Der Inhalt ist nicht bahnbrechend neu. Peterson spricht aber aus und reiht für heutige Verhältnisse unerschrocken und stringent Tugenden und Prinzipien auf, die kaum mehr benannt, vor allem aber der jungen Generation nicht mehr abverlangt werden.

Nicht anders ist die Begeisterung, ja nahezu der Hype zu erklären, der Jordan Peterson vor allem in einer intellektuellen Generation von Studenten weltweit entgegenschlägt und denen er hiermit einen Denkanstoß, eine Essenz auf den Weg gibt. Er stillt ihren offensichtlichen Durst nach verweigerten Antworten und ermutigt zum Wagnis des eigenen Denkens.

Demut, Hingabe, Fleiß, Treue, der Dienst am anderen und an der Gesellschaft, harte Arbeit, Verzicht, Anstrengung, Leistung und dann auch noch Ehe und Familie aus Vater, Mutter und Kind gar als «Goldstandard» - Brechreizworte für jene, die in planwirtschaftlicher Manier und mit moralisch aufgeladenem Impetus gerade willkürlich Privilegien an jene zuteilen, die sich zeitgeistkonform verhalten. Für jene, die zwar gerne ebenfalls von universalen Menschenrechten reden, von menschlicher Vielfalt, Individualität und Autonomie, denen die Definition dieser Begrifflichkeiten aber intellektuell nur noch auf Kalenderblattniveau gelingt, weil ihnen die innere

Grammatik der Menschheitsgeschichte nicht mehr geläufig ist.

Wer aber nicht mehr weiß, woher er kommt, weiß nicht, wer er ist, und schon gar nicht, wohin er soll. Im Ergebnis sehen wir eine Generation, die, frei nach Helmut Kohl, «alles bestreitet, nur nicht den eigenen Lebensunterhalt». Hypersensible Wohlstandskinder, die noch aus der warmen Stube des «Hotel Mama» heraus die Generation ihrer Eltern als Kapitalisten, Rassisten, Patriarchen, Klimasünder und Transphobe beschimpfen dürfen, ohne dafür auch nur das Taschengeld gestrichen zu bekommen. Freiheit, Wohlstand, Frieden und Sicherheit, aber auch universale Menschenrechte kennen die Kinder des neuen Millenniums in der Regel nur als kostenlos garantierte Selbstverständlichkeit, aber nicht mehr aus der Perspektive der Entbehrung oder des Verlustes.

Das Revolutionäre an diesem Manifest ist also nicht der Inhalt, sondern die Unerschrockenheit und die Klarheit, mit der Peterson in das intellektuelle Vakuum der Moderne hineinspricht.

Und so besticht es durch eine deutliche Bestandsaufnahme einer Krise der Moderne und spiegelt im Gegenzug die Leere derselben, die nicht mehr wagt, eine Zielsetzung oder eine Vision zu formulieren, und damit ihre eigene Ausstrahlungskraft fahrlässig herunterdimmt. Die «leuchtende Stadt auf dem Berg» hat das Licht ausgeschaltet – allein schon aus Energiespargründen und Klimagerechtigkeit scheint das heutzutage unausweichlich und angemessen.

Schonungslos benennt Peterson das Defizit des inneren Leuchtens, das dem Konservativismus abhandengekommen ist, und reiht also die Tugenden wie Perlen aneinander, die der Mensch zu kultivieren aufgerufen ist, damit diese Gesellschaft (wieder) friedlichen Bestand haben kann.

Demut angesichts der Begrenztheit des eigenen Wissens als Grundvoraussetzung jeder Debatte auf Augenhöhe mit einem andersdenkenden Gegenüber. Freiheit auf allen Ebenen, aber eingebettet in die Verpflichtung, die sie mit sich bringt gegenüber Familie, Freunden und Gesellschaft. Autonomie als angewandte Vielfalt unterschiedlicher Talente und Neigungen im Wettbewerb der freien Märkte und Ideen. Aber auch als Vertrauen in ein (unausgesprochenes) Subsidiaritätsprinzip und in individuelle Entscheidungen. Die ehrliche freie Suche nach Wahrheit. Der Diskurs nicht als Problem, sondern als Anreiz stetiger Erneuerung.

Die Zukunftsvision eines Peterson liest sich streckenweise wie die Anleitung zum persönlichen Heldentum, mit garantierter Heiligsprechung bei Gelingen. Immer schwingt ein bisschen Pathos mit auf dem Weg zu einem nahezu utopischen Zustand.

Zu dem Leben, wie es sein könnte, wo er die Rede- und Gedankenfreiheit als wichtigste Freiheiten auf dem Weg zur «erlösenden Wahrheit» benennt. Aber ist es nicht auch genau das, was dem Konservativismus im Heute ja gerade fehlt? Die Freude, das Vorwärts, das Feuer, das erstrebenswerte Ziel? Eine zeitgemäße Antwort auf die Frage, warum die ganze Mühe als junger Mensch, wenn man doch mit einem bedingungslosen Grundeinkommen und einem Tinder-Abo im Gleichschritt der eigenen Peergroup auch so ganz gut über die Runden käme? Sein Plädoyer zur Wahrnehmung der Realität, wie sie ist, steht hier leider im Widerspruch zu seiner eigenen Verklärung des Menschen. Bestenfalls ist doch eine gesellschaftliche Mehrheit jener feststellbar, denen alles egal ist, solange ihr Anteil an allem hoch genug ist.

Dennoch beschwört Peterson mit Enthusiasmus das Gute im Menschen: das Leistungsprinzip, Ehrgeiz und Wagemut – eben jenen Stoff, aus dem man Helden schnitzt. Das Kollektivdenken der Gegenseite ist für ihn die Chance, sich klar für das Individuum zu positionieren. Den Begriff der Identität und ihre Bildung stellt er wieder auf die Füße zurück und gibt ihr auch noch ein Ziel: die souveräne Staatsbürgerschaft. Und dann lässt er die *Generation Achtsamkeit und Gleichstellung* auch noch die bittere Pille der Wahrheit über die

Ungleichheit der Menschen in ihren Fähigkeiten und Veranlagungen schlucken, beschwört Eigenverantwortung in einem Maße, dass auch jedem Liberalen das Herz aufgehen müsste. Spart aber das Leid als sinnstiftendes Element gelungenen menschlichen Lebens nicht aus und kommt damit sehr nahe an C. S. Lewis und seine Gedanken «Über den Schmerz».

«Die Kultur Europas ist aus der Begegnung von Jerusalem, Athen und Rom – aus der Begegnung zwischen dem Gottesglauben Israels, der philosophischen Vernunft der Griechen und dem Rechtsdenken Roms entstanden. Diese dreifache Begegnung bildet die innere Identität Europas», formulierte der kürzlich verstorbene Papst Benedikt XVI. einst in seiner Rede vor dem Deutschen Bundestag. Doch was tun, wenn der Glaube bekämpft, die Vernunft vergessen, das Recht instrumentalisiert wird und Gott tot sein soll? Die Moral auch der konservativen Moderne kommt heute vermeintlich ohne Gott aus. Muss sie nicht sogar alles säkular formulieren, um niemanden auszugrenzen und universal anwendbar zu sein?

Jordan Peterson wiederum setzt den Gott der Christenheit voraus, spricht ihn aber nicht direkt an. Wörtlich sogar streift er «Jerusalem, Athen und Rom», zählt urchristliche Tugenden auf, lässt diese Dimension dann aber – und das ist untypisch für einen Mann deutlicher Worte – immer nur implizit wie ein transzendentes Hintergrundrauschen permanent durchscheinen.

Will man also etwas kritisieren an diesem Manifest, dann ist es, dass die Kategorie des Glaubens, die Anbindung an eine höhere Instanz, als sie der Mensch selbst schaffen kann, weil er selbst nur geschaffen ist – und zwar zum Guten hin – nicht deutlich als eigene *conditio sine qua non* in seiner Kategoriensammlung gelingenden Konservativismus benannt wird, auch wenn sich das gesamte Manifest unterschwellig sehr offensichtlich daran entlanghangelt. «Demokratie braucht Religion», spricht es hingegen der Soziologe Hartmut Rosa in seinem gleichnamigen Essay eindeutig und unverblümt aus.

Genau genommen läuft Peterson hier synchron mit dem wegweisenden Diktum des deutschen Verfassungsrichters Ernst-Wolfgang Böckenförde, wonach der freiheitliche, säkularisierte Staat von Voraussetzungen lebe, die er selbst nicht garantieren könne. Es ist ein Verdienst Petersons, dass er den verschütteten Kompass der Konservativen, jene Voraussetzungen, die der Staat nicht bilden, sondern nur dankbar annehmen kann, wieder differenziert neu freilegt und in Worte fasst.

Aber was jetzt? Es ist die Frage, die sich aufdrängt angesichts einer Welt mit einer verschwenderisch hohen Zahl von Menschen ohne jenen «guten Willen», den Peterson unermüdlich auch als eine heimliche *conditio sine qua non* beschwört. Was jetzt, angesichts jener Bevölkerungsteile, die gar einer entschieden anderen Idee des «Guten» nachhängen? Wer mag sich da rein auf menschliche Vernunft und menschliches Wohlwollen verlassen? Sein Bild vom idealen Menschen ist nicht unbedingt Realität, sondern sympathische Verklärung.

Die Herausforderung der praktischen Ausgestaltung muss jedoch am konkreten Problem erst noch erprobt werden. Die Theorie steht jedenfalls schon lange: Das Grundgesetz der Deutschen muss dafür nicht verändert, sondern nur beachtet werden. Die «Einigkeit», die Peterson beschwört, wird längst zusammen mit «Recht und Freiheit» sogar in der deutschen Nationalhymne besungen. Und all das geschieht «in der Verantwortung vor Gott», wie es zum großen Ärgernis wachsender politischer Gruppierungen nach wie vor in der Präambel des Grundgesetzes steht.

Während die heutige Generation von Verantwortungsträgern an der antirassistischen und geschlechtsneutralen Geschichtsklitterung und der Löschung unliebsamer historischer Protagonisten aus dem kollektiven Gedächtnis arbeitet und damit die freiwillige Selbstverdummung des Volkes in Kauf nimmt, wusste die politische

Nachkriegsgeneration noch durch Erfahrung am eigenen Leibe, wie sich im politischen und gesellschaftlichen Handeln moralische «Werte» in Luft auflösen, wie sie pervertiert, ideologisiert und damit missbraucht werden können, wenn man sie nicht permanent mit Frischluft beatmet.

Ronald Reagan gab seinen Landsleuten einst die Mahnung mit auf den Weg, die Freiheit sei nie mehr als eine Generation von ihrer Auslöschung entfernt. Unsere Kinder hätten sie nicht von uns im Blut, sie müsse erkämpft, geschützt und an sie weitergegeben werden, damit auch sie dasselbe tun könnten. Der Westen versagt aber offensichtlich darin, das kostbare Erbe der Freiheit zuverlässig an die nächsten Generationen weiterzureichen.

In seinen Ausführungen zur «Schöpfungsverantwortung» streift Peterson jenen angloamerikanischen Geist Reagans, von dem man jenseits des Atlantiks manchmal zu viel und bei den kontinentalen Europäern inzwischen zu wenig hat: das Wissen um die Vergänglichkeit all dieser Werte, wenn sie nicht in eine Kontinuität gebracht werden. Es gibt kein «Ende der Geschichte», aber eine reale Chance eines Endes der Menschheit, jetzt, da sie die Fähigkeiten zum kollektiven Mord und Selbstmord auch wissenschaftlich deutlich differenzierter einübt als die Praxis, wie der Mensch in seiner eigenen Ökologie überlebt.

Was wird von unserer Generation übrig bleiben, was sich ins kollektive Gedächtnis eingebrannt haben und in eintausend Jahren noch als Schatz gehütet werden? Ist auch nur eine einzige geschriebene Zeile relevant für die Nachwelt? Die angewöhnte Selbstverständlichkeit der universalen Werte hat ihren Bestand selbst gefährdet.

Birgit Kelle ist Journalistin und Bestsellerautorin (u. a. Gendergaga, Muttertier, Noch Normal?). Sie schreibt für zahlreiche Medien im deutschsprachigen Raum, u. a. Focus, Weltwoche, NZZ.

Alexander Grau

Realismus, Freiheit und Individualität. Für einen Konservativismus jenseits von Universalismus und ewigen Wahrheiten

Linke Gesellschaftstheorien leiden seit ihrer Erfindung an einem Grundwiderspruch. Einerseits geben sie sich materialistisch: «Es ist nicht das Bewusstsein der Menschen, das ihr Sein, sondern umgekehrt ihr gesellschaftliches Sein, das ihr Bewusstsein bestimmt», schrieb Karl Marx in seiner *Kritik der politischen Ökonomie*. Und er hatte natürlich recht. Andererseits setzen insbesondere linke Intellektuelle darauf, die Gesellschaft mit Artikeln, Büchern und Diskussionen auf idealistischer Ebene zu verändern. Sie sollten es eigentlich besser wissen.

Doch Intellektuelle schreiben nun einmal gerne Bücher oder halten Vorträge. Also glauben sie an die Macht des Wortes und daran, mithilfe von Ideen Gesellschaften verändern zu können. Das ist zwar von grenzenloser Naivität, befriedigt aber den Narzissmus der intellektuellen Klasse.

Die passende Theorie dazu lieferte der kommunistische Vordenker Antonio Gramsci. In seinen berühmten *Gefängnisheften* legte der Italiener dar, dass erfolgreiche Revolutionäre zunächst die Deutungshoheit in einer Gesellschaft erringen müssen. Zu diesem Zweck sei es notwendig, Schlüsselpositionen im Kultur-, Wissenschafts- und Medienbetrieb zu besetzen, um so die kulturelle Hegemonie zu erkämpfen.

Rückblickend scheint diese Strategie so erfolgreich gewesen zu sein, dass auch Liberale und Konservative an das Märchen von der Erringung der kulturellen Deutungshoheit mit Mitteln des Feuilletons glauben. Seitdem versuchen sie den Spieß wieder umzudrehen und ihrerseits die Diskurshoheit der politischen Linken mit Hilfe von Think-Tanks, Büchern, Zeitschriften und neuen Medien zu brechen und – so die Hoffnung – den politischen Zeitgeist umzupolen. Ein naives Unternehmen.

Denn nach wie vor gilt die Einsicht von Friedrich Engels: «Die ökonomische Struktur der Gesellschaft [bildet] die reale Grundlage [...] der religiösen, philosophischen und sonstigen Vorstellungsweise.» Mit anderen Worten: Die Linke war insbesondere nach dem Zweiten Weltkrieg nicht deshalb erfolgreich, weil sie im Sinne Gramscis die kulturellen Produktionsmittel eroberte. Vielmehr führten Massenwohlstand, technische Entwicklungen, wissenschaftlicher Fortschritt und veränderte Arbeitswelten zu einer tiefgreifenden Veränderung der normativen Vorstellungen westlicher Gesellschaften. Höhere Einkommen, eine revolutionierte technische Lebenswelt, individuelle ökonomische Unabhängigkeit und neue Konsum- und Reisemöglichkeiten ermöglichten einen Lebensstil, der zwangsläufig eine Erosion traditioneller Moralvorstellungen zur Folge hatte, die auf Pflichterfüllung, Selbstbeschränkung und Verzicht basieren.

Man kann diese Entwicklung mit guten Gründen verurteilen. Tatsächlich führte sie in eine «tiefgreifende Sinnkrise», wie Jordan Peterson schreibt. Und selbstverständlich ist diese Krise «Folge eines zersetzenden Zweifels» und einer «historisch beispiellosen Ignoranz», die zu «Verbitterung und Frustration» führt. Der Mensch der westlichen Moderne hat sich eine Welt geschaffen, die ihn überfordert, keinen Halt gibt, ihn von der Natur entfremdet und körperlich und psychisch krank macht.

Die alles entscheidende Frage ist jedoch: Gab es zu dieser Entwicklung jemals eine Alternative?

Hätten wir uns anders entscheiden können? Wären Industrialisierung, Urbanisierung, Massenmedien, Massenwohlstand, relative soziale Sicherheit und technisch-wissenschaftlicher Fortschritt möglich gewesen ohne die von Peterson beschriebenen normativen Folgen? Ich denke: nein.

Es ist eine Illusion zu glauben, man könne die Moral, die Werte und Ideale unserer Gesellschaft von ihren ökonomischen, sozialen, technischen und wissenschaftlichen Grundlagen ablösen und durch andere ersetzen. Insbesondere in modernen Massenkonsumgesellschaften sind Produktionsverfahren, Produkte, Marketing, Lifestyle und gesellschaftspolitische Normen quasi amalgamiert. Ein Sneaker ist nicht nur ein Sneaker und ein iPhone nicht einfach ein iPhone. Die Produkte sind vor allem Propagandaformeln, die jedem Kunden, jedem Käufer täglich die von Peterson kritisierten Normen in sein Gehirn brennen. Wer etwa meint, die Transgenderdebatte aufhalten und gleichzeitig ein Smartphone benutzen zu können, hat die ideologische Prägekraft dieser Geräte und ihrer Technologie nicht im Blick.

So sehr ich also die Diagnose von Jordan Peterson teile, so skeptisch bin ich gegenüber seinen Lösungsvorschlägen. Ich gestehe, dass ich dabei ein schlechtes Gewissen habe. Denn Demut, Freiheit, Autonomie, Handlungsfähigkeit, Identität,

Tradition und Gerechtigkeit sind Werte, die auch mir wichtig sind, die grundlegend sind für eine lebenswerte Gesellschaft und auf die Agenda eines zeitgemäßen Konservativismus gehören, der nicht in Sektierertum versinken will. Doch Konservative sollten nicht nur demütig, freiheitsliebend, autonom und traditionsbewusst sein. Eine der entschiedensten Eigenschaften jedes ernst zu nehmenden Konservativismus ist sein Realismus.

Unter einer realistischen Perspektive jedoch sind Werte wie Demut, Autonomie, Identität oder Tradition mit einem globalisierten, hoch technologisierten, kapitalistischen Wirtschaftssystem nicht vereinbar. Ein solches Wirtschaftssystem basiert vielmehr auf Hybris, Hedonismus, Unstetigkeit, Narzissmus und einem traditionsfeindlichen Fortschrittsglauben. Der ideale Konsument und Arbeitnehmer ist ein gläubiger Anhänger der globalen Marketingindustrie, jemand, der bereit ist, sich immer neu zu erfinden, hochflexibel dem neusten Trend zu folgen und jederzeit Identität und Wohnort zu wechseln.

Das bedeutet umgekehrt, dass es keine Änderung des ideologischen Überbaus ohne Änderung der sozioökonomischen Basis geben wird. Die absehbare Entwicklung in eine immer artifiziellere, durchreglementierte, diversere, multikulturelle und globalisierte Welt wird daher allenfalls durch einen ökonomischen und sozialen Totalzusammenbruch aufzuhalten sein, der mehr ist als nur eine Krise, sondern die technischen und wirtschaftlichen Strukturen unserer digitalisierten globalen Moderne dauerhaft zerschlägt.

Diese kathartische Globalhavarie hätte allerdings so gravierende Folgen, dass man darüber streiten kann, ob sie wirklich wünschenswert wäre. Sie stellt allerdings streng genommen die einzige Möglichkeit dar, den Wertekanon (oder Werteverlust) postmoderner Wohlstandsgesellschaften aufzubrechen.

Es gibt jedoch noch einen zweiten Grund, weshalb ich Petersons wertvoller Intervention letztlich skeptisch gegenüberstehe: seine Verwendung des Begriffs Wahrheit. Wie viele andere Konservative trauert Peterson offensichtlich jenen Zeiten hinterher, in denen die Menschen an ewige Wahrheiten glaubten. Dass es keine starren ewigen Wahrheiten gibt, weiß allerdings auch Peterson. Daher erklärt er aus gutem Grund, Wahrheit sei «niemals in einer bestimmten Reihe von Fakten oder einem speziellen Wissensbestand zu finden». Stattdessen plädiert er dafür, die Verkörperung der Wahrheit in dem bescheidenen Versuch zu sehen, «uns selbst und andere mittels des Diskurses voranzubringen».

Abgesehen davon, dass das für deutsche Ohren sehr nach Starnberger Diskursverliebtheit klingt, liegt in diesem Glauben an die erlösende Kraft des Diskurses ein illusionäres und letztlich sogar totalitäres Element. Aufgrund kultureller Ausdifferenzierungsprozesse und globaler Mobilität wird die Heterogenität westlicher Gesellschaften zumindest mittelfristig noch zunehmen. Ein auf eine universale, zeitlose Wahrheit ausgerichteter Diskurs muss daran scheitern.

Und das ist auch gut so. Denn gerade aus konservativer Sicht ist es wichtig, die zahlreichen lokalen und regionalen Kulturen, Wertvorstellungen, Religionen, Sprachen und Normensysteme vor der nivellierenden Kraft der globalen Märkte und ihrer universalen Massenkultur zu schützen.

Diskurse, wenn sie aus konservativer Sicht sinnvoll sein sollen, dürfen sich daher nicht an einer imaginierten Wahrheit orientieren oder sich gar selbst als deren Verkörperung begreifen. In einer heterogenen Welt, die die Vielfalt der Kulturen und Traditionen bewahren und vor einer universalen Buntheit schützen möchte, benötigen wir vielmehr mehr Kontroversen, mehr Dissens und mehr Mut zum Eigenen.

Gespräche, die kulturelle und normative Grenzen überschreiten, sind wichtig; jedoch nicht, um sich einer angeblichen Wahrheit anzunähern, sondern um die Vielzahl der Wahrheiten kennenzulernen – und zu ertragen.

Diese Überzeugung unterscheidet den Konservativen von dem Linken. Letztere können mit kultureller und normativer Vielfalt nicht umgehen, sondern unterwerfen alles dem Diktat einer angeblich universalen Moral und einer angeblich universalen Kultur. Martin Heidegger nannte diese egalisierende Macht das «Man». Dieses *Man* löse, so Heidegger, das eigene Dasein in die Seinsart «der Anderen» auf, sodass die Anderen in ihrer Unterschiedlichkeit verschwänden: «In dieser Unauffälligkeit und Nichtfeststellbarkeit entfaltet das Man seine eigentliche Diktatur. Wir genießen und vergnügen uns, wie *man* genießt; wir lesen, sehen und urteilen über Literatur und Kunst, wie *man* sieht und urteilt; wir ziehen uns aber auch vom ‹großen Haufen› zurück, wie *man* sich zurückzieht; wir finden ‹empörend›, was *man* empörend findet.»

Aufgabe jedes ernsthaften Konservatismus sollte es sein, der einebnenden Diktatur des *Man* den Willen zum Partikularen, Lokalen und Anderen entgegenzusetzen. Eine Schlüsselfunktion kommt dabei dem Individuum zu. Denn nur im Individuum ist Freiheit, Unabhängigkeit und Partikularität lebendig. Jeder zukunftsfähige Konservativismus muss sich daher von dem latenten Anti-Individualismus traditioneller Konservatismen lossagen. Kollektivismus, Gleichmacherei und Vokabeln wie «Gemeinschaft» und «Verantwortung» sollten Konservative den Linken überlassen.

Der penetranten Beschwörung des Sozialen, Solidarischen und Gemeinschaftlichen seitens der Linken muss der Konservative die subversive Kraft eines radikalen Individualismus entgegensetzen. Denn in einer Massenkultur schafft es allenfalls der Einzelne als Einzelner, sich dem ideologischen Zugriff der globalen Einheitskultur und ihres Denkens zu entziehen und damit wirkliche Autonomie zu gewinnen. Denn wie Ernst Jünger in seinem *Waldgang* formuliert: «Frei muss man sein, um es zu werden.»

Alexander Grau ist Publizist, Essayist und freier Kultur- und Wissenschaftsjournalist. Er promovierte in Philosophie an der FU Berlin und schreibt unter anderem für das Magazin Cicero und die Neue Züricher Zeitung.

Über den Autor

Dr. Jordan B. Peterson (Jg. 1962) ist einer der einflussreichsten Intellektuellen weltweit. Er ist klinischer Psychologe und emeritierter Professor an der Universität von Toronto. Von 1993 bis 1998 war er Professor für Psychologie in Harvard. Seine Hauptforschungsgebiete sind die Psychologie des religiösen und ideologischen Glaubens sowie Verbesserungspotenziale der Persönlichkeit. Er ist Bestseller-Autor (u. a. *12 Rules for Life*), gefragter Berater und Redner. Er wurde fünf Jahre in Folge als einer der besten Universitätsdozenten Ontarios nominiert. Mehrere seiner Online-Vorlesungen gingen 2016 viral und verhalfen ihm zu einer hohen internationalen Bekanntheit als öffentlicher Intellektueller. In den sozialen Medien folgen ihm Millionen. Peterson vertritt konservativ-liberale Positionen und kritisierte z. B. vielfach den Einfluss der Political Correctness auf die Redefreiheit.

Weiterhin erhältlich

Giuseppe Gracia

Die Utopia-Methode

Der neue Kulturkampf gegen Freiheit und Christentum

Die Schlagworte Klimaschutz, Genderfrage, LGBTQ-Rechte, Antirassismus und Antisexismus entspringen alle ein und demselben Kulturkampf, einem Kampf, bei dem die freiheitlichen und christlichen Wurzeln der westlichen Kultur angegriffen werden. Giuseppe Gracia bietet einen Schlüssel zum besseren Verständnis dieses Kampfes und gibt konstruktive Hinweise, wie wir darauf reagieren und unsere Freiheit verteidigen können.

978-3-03848-236-9 | 96 Seiten | Klappenbroschur

Weiterhin erhältlich

Birgit Kelle
Muttertier
Eine Ansage

Eine glückliche Mutter ist heute eine Provokation. Sie ist die selbstverständlich gelebte Weiblichkeit. Sie kann Leben schenken und Leben weitergeben. Birgit Kelle, Journalistin und Bestseller-Autorin, kennt dieses Mutterglück mit vier Kindern nur zu gut. Doch: Darf man einfach «nur» Mutter sein? Wie lässt sich Mutterschaft inmitten einer Feminismus-Bewegung leben, die jahrelang dafür gekämpft hat, Frauen von diesem «Mythos», von ihren Männern und auch von den Kindern zu befreien?

978-3-03848-124-9 | 240 Seiten | Hardcover